Couverture inférieure manquante

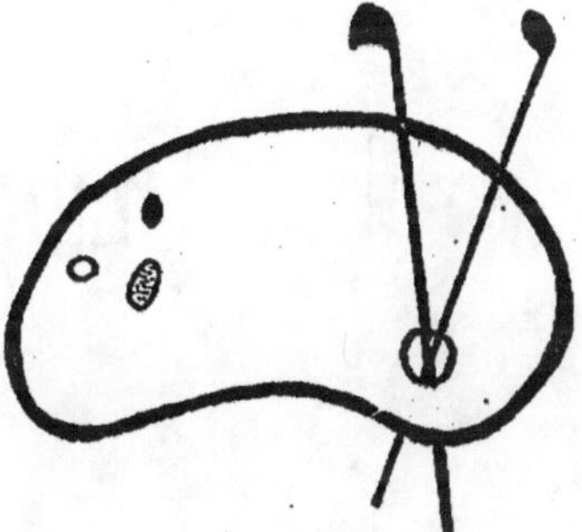

DEBUT D'UNE SERIE DE DOCUMENTS
EN COULEUR

LE

CANAL DE SUEZ

ET

L'OPINION PUBLIQUE

PARIS

CASTEL, LIBRAIRIE DE L'OPÉRA

21, PASSAGE DE L'OPÉRA, 21

1868

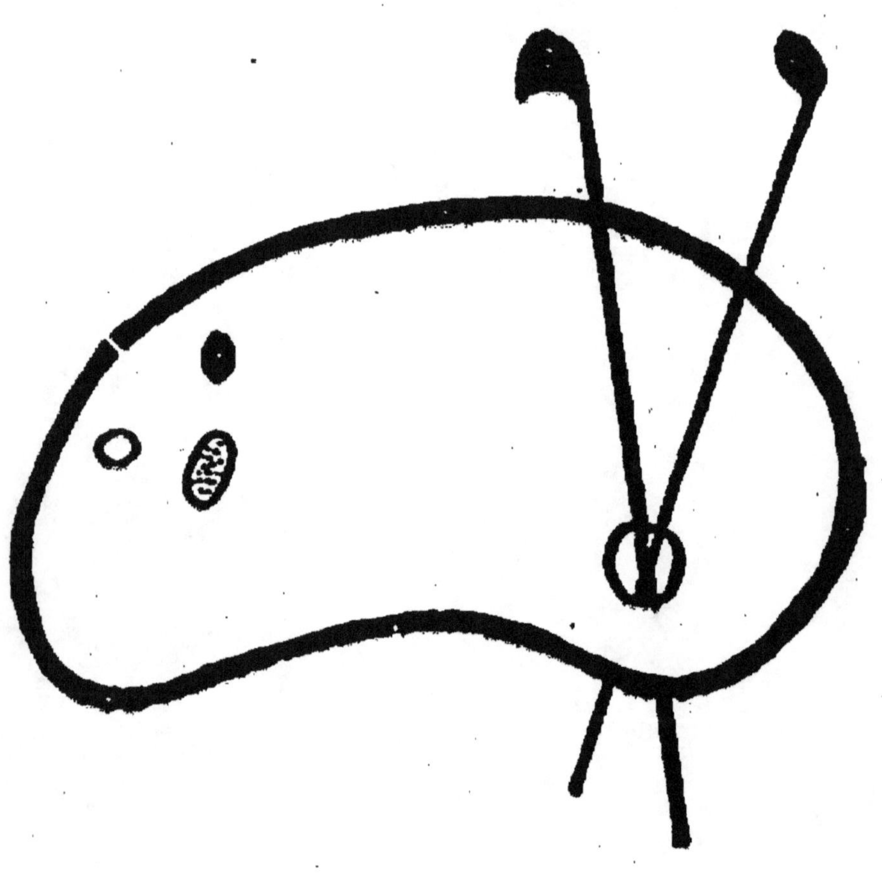

FIN D'UNE SERIE DE DOCUMENTS
EN COULEUR

LE
CANAL DE SUEZ

ET

L'OPINION PUBLIQUE

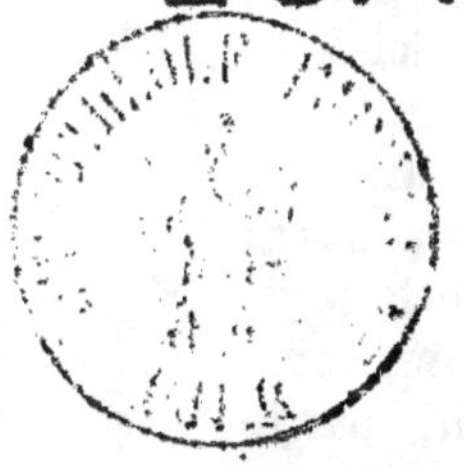

I

L'insuccès de l'emprunt de 100 millions, tenté l'année dernière par la Société anonyme égyptienne du Canal de Suez, est aujourd'hui un fait avéré. Les journaux annoncent que le conseil d'Etat vient d'admettre un projet de loi qui autorise cette Compagnie à émettre un emprunt-loterie.

Ainsi, tous les moyens employés jusqu'à ce jour pour placer le dernier emprunt ont échoué. Ainsi, comme tant d'autres prédictions du journal officiel de la Compagnie, celles qu'il exprimait si affirmativement, dans son numéro du 15 octobre 1867, ne s'est point réalisée.

La souscription en son état actuel, joint aux ressources possédées précédemment par la Compagnie et dont le rapport à l'assemblée générale du 1er août a présenté le détail officiel, donne largement à la Compagnie toute la latitude nécessaire pour suivre tranquillement le cours de ses travaux, et prendre le temps de placer le surplus de ses obligations, placement qui, du reste, ne fait pas l'objet d'un doute pour toutes les personnes expérimentées dans ces sortes d'opérations.
(*Journal de l'Isthme de Suez* du 15 octobre 1867, page 354.)

Ainsi, l'on en est maintenant réduit à recourir à l'appât

des lots si énergiquement repoussé lors du lancement du dernier emprunt.

> « Quant au mode d'emprunt, la Société n'a eu recours à aucun des moyens extraordinaires qu'on s'est plu à supposer. ELLE A DÉDAIGNÉ L'APPAT DES LOTS!!!..... **Elle se devait à elle-même et à ses actionnaires de répudier toute combinaison qui altérât son caractère.** »
> (*Journal des Chemins de fer*, 21 septembre 1867.)
> (*Isthme de Suez*, 27 septembre 1867, page 340.)

Jusqu'à ce jour, on s'était habitué à voir les titres de cette nature réservés, en France, aux emprunts des villes et du Crédit foncier, qui offrent une sécurité toute exceptionnelle, et ne comportent qu'un modeste taux d'intérêt.— Une fraction minime de cet intérêt, transformée en primes au profit de quelques porteurs favorisés par le sort, permet de compenser, par l'attrait de la chance, la modicité du revenu.

Ce sont là des conditions que les Sociétés industrielles, les Sociétés étrangères plus particulièrement, ne peuvent remplir, en raison de leur caractère aléatoire et de la fugitivité de leurs revenus. On s'explique, dès lors, comment les lois et les règlements leur ont interdit, par le passé, l'émission d'emprunts-loteries.

En voyant aujourd'hui la Compagnie de Suez sur le point de s'adresser une troisième fois au Crédit public, et, afin d'en obtenir de nouveaux capitaux nécessaires à la continuation de son œuvre, invoquer comme moyen héroïque, l'attrait des lots, après avoir vainement offert des titres à 8.59 0/0 d'intérêt, outre, une majoration de 200 fr. lors du remboursement, on ne peut faire moins que d'être surpris, et l'on se demande comment cette entreprise se trouve réduite à l'emploi de procédés si extraordinaires.

En effet, vit-on jamais une opération effectuer son entrée, dans le monde des affaires, avec un cortège plus magnifique et plus séduisant ?

Toutes les fées bienfaisantes semblaient entourer son berceau : l'idée première de l'œuvre remontait à la plus haute antiquité, à l'âge de ces Pharaons presque fabuleux pour nous et qui ont laissé, comme témoignages de leur puissance, les temples aux obélisques monolythes, les colosses, les sphynx et les gigantesques pyramides du désert.

Cette idée abandonnée, reprise, réabandonnée à diverses

époques, avait fait le rêve de cette pléiade d'hommes intelligents, forts et pleins d'initiative, qui a conduit le grand mouvement industriel de notre temps.

Cette idée, enfin, l'honorable M. Ferd. de Lesseps la ravivait, avec la participation du prince enthousiaste qui gouvernait l'Egypte.

Il s'agissait de reprendre le projet anglais de 1842 (1), d'ouvrir la communication entre les deux mers et de ramener, dans le bassin de la Méditerranée, le commerce de l'ancien monde, que la découverte du cap de Bonne-Espérance avait détourné d'abord au profit de l'Espagne et du Portugal, ensuite au profit des peuples navigateurs et commerçants du Nord de l'Europe.

On ajoutait même, tout bas, que le dernier mot de l'entreprise pouvait être la ruine de la puissance anglaise et la prépondérance politique, industrielle et commerciale de la France, dans l'Orient et dans les vastes contrées d'Asie.

Aussi, l'enthousiasme le plus ardent, quoique assez peu défini, fit-il accueil, en France, au programme de l'honorable M. Ferd. de Lesseps ; et tout le monde a gardé le souvenir de l'empressement avec lequel le public français, de toutes les classes, couvrit la portion de la souscription qui lui était offerte.

Pour que rien ne manquât à l'auréole rayonnante du percement de l'isthme, l'affaire eut la bonne fortune d'être en butte, pendant plusieurs années, aux méfiances de la perfide Albion. Enfin, plus tard, la direction eut la chance de rencontrer, en France même, un petit nombre de contradicteurs.

Mais, l'Angleterre ayant enfin pris complétement ses précautions pour tirer, la première, le meilleur parti de l'événement, l'honorable M. de Lesseps vit s'évanouir les résistances de la Porte ottomane. Quant aux observations critiques dont la direction de la Compagnie avait été l'objet, leurs auteurs formaient une si faible minorité, que leurs voix furent facilement noyées dans le torrent des réclames officielles et officieuses qui inonda la presse entière.

Et cependant, après avoir vu disparaître les obstacles politiques, au Caire, à Constantinople, à Paris et à Londres; après avoir transigé avec le vice-roi d'Egypte, pour

____

(1) La *Finance*, numéro du 26 décembre 1867, page 821.

divers litiges très délicats; après avoir réduit au silence les quelques critiques du journalisme; après avoir mis la main sur des entrepreneurs savants et habiles ; tout d'un coup la Société anonyme égyptienne, présidée par l'honorable M. de Lesseps, semble avoir perdu la faveur du public, puisque ce dernier a fait la sourde oreille à la dernière demande d'argent qui lui a été adressée.

Il convient donc de rechercher les causes d'une disgrâce si imprévue et de les signaler, car il serait à craindre que la Compagnie vînt à échouer dans la nouvelle tentative d'emprunt qu'elle va faire, si l'on persévérait dans des errements que l'expérience vient de condamner.

II

Parmi les causes qui ont fait échouer l'émission de l'emprunt, on rencontre le dégoût profond des capitalistes pour les affaires industrielles à l'étranger; ce délaissement résulte des déceptions sans nombre qui ont suivi la plupart des opérations industrielles étrangères, dont la France a fourni les capitaux.

Cette raison générale expliquée, les raisons qui sont propres à la Compagnie elle-même vont compléter la démonstration de l'impossibilité où se trouvait la direction de réussir son emprunt, tel qu'il a été présenté.

Les actions sont possédées par un très grand nombre de porteurs, et les gros actionnaires forment une minorité peu importante. Les retards qu'un certain nombre d'entre eux mettent à opérer le dernier versement (1) prouvent qu'ils ne sont pas disposés à engager d'autres fonds dans l'opération, sans doute parce qu'ils ont vu leurs espérances incessamment reculées, et avec le temps les dépenses dépasser toutes les prévisions, tandis que le domaine de la Compagnie s'amoindrissait de toutes les propriétés territoriales et industrielles rétrocédées au vice-roi.

---

(1) Le bilan présenté à l'assemblée du 1er août 1866 porte une somme de 3,281,850 fr. sous la rubrique : Solde à recouvrer sur les appels de fonds antérieurs aux 9e et 10e et il n'est point fait mention de débiteurs divers. (*Journal l'Isthme de Suez*, année 1866, *page* 230)

Le bilan présenté à l'assemblée du 1er août 1867, muet au sujet du solde à recouvrer sur les appels de fonds antérieurs, mentionne sous la désignation de débiteurs divers une somme de 7,441,873 fr. qui, évidemment, s'applique pour la majeure partie aux versements arriérés sur les actions. (*Journal l'Isthme de Suez*, année 1867, *page* 210)

L'honorable M. de Lesseps avait pris publiquement les engagements suivants :

> « Avant 3 ans, le premier navire pavoisé aux cou-
> » leurs de toutes les nations civilisées traversera aux
> » acclamations du monde l'Isthme navigable de Suez! »
> (*Journal l'Isthme de Suez*, année 1858, page 359.)

> « La Société s'était formée au capital de 200 mil-
> » lions. Elle pourra, d'après les évaluations établies
> » sur un *devis définitif*, compléter son œuvre pour
> » 120 millions. »
> (**1860**, cinquième série de documents, page 38.)

Il y a maintenant 8 à 9 années que la Compagnie est à l'œuvre, et on ne cite pas encore une seule section de canal, ayant quelques kilomètres, qui soit *entièrement achevée*.

Le capital engagé atteint déjà 300 millions, et on demande à emprunter pour continuer les travaux.

On avait fondé les plus grandes espérances sur le revenu futur des terres, qui, au dire du fondateur, devaient suffire et au-delà, pour assurer le revenu du capital de toute l'entreprise.

Ces terres, la Société ne les possède plus, ni le canal d'eau douce, dont le produit était aussi calculé pour un chiffre considérable.

Afin de justifier l'augmentation des dépenses et les sacrifices qui ont été faits sur le domaine, on a invoqué le retrait des ouvriers indigènes et l'obligation de substituer le travail mécanique à celui des bras.

Cependant, dès l'année 1860 (*l'Isthme de Suez*, 15 mai 1860, *page* 172), longtemps avant l'arrivée et le retrait des contingents fellahs, on avait déclaré à la Société que la direction faisait construire des excavateurs et des dragues, parce que leur travail devait être beaucoup plus économique que celui des ouvriers, et plus tard on s'exprimait en ces termes :

> « Vous remarquerez avec satisfaction, qu'en général
> » l'exécution de nos travaux, au lieu de nous présen-
> » ter des augmentations de dépenses, nous donne de
> » plus en plus la conviction que nos devis primitifs ne
> » seront pas dépassés..... Nos dragues doivent, d'après
> » les conditions imposées à nos constructeurs, faire à
> » l'essai 1,000 mètres cubes en douze heures. En ad-
> » mettant, pour la pratique 500 mètres cubes par jour,
> » elles pourront extraire le mètre cube à raison de
> » **25 centimes**, la dépense totale de chacune de ces
> » dragues étant, par jour, de 125 fr. »
> (*Journal de l'Isthme de Suez*, 1er mai 1862, *page* 146.)

III

Mais il est temps d'aborder l'énumération des causes qui se sont opposées au succès du dernier emprunt ; ce sont :

1º **L'exagération de l'intérêt** accordé, le public ne pouvant croire qu'un intérêt aussi élevé soit celui d'un placement sûr ;

2º **La coïncidence** de l'annonce de l'emprunt avec la publicité du texte d'un jugement obtenu contre divers journaux ; jugement où se trouvent entre autres les considérants suivants :

> Attendu que dans l'article du 24 août, après avoir dit : Nous sommes parmi les amis de M. de Lesseps ; en face de situations difficiles, on doit la vérité à ses amis ; il demande qu'au moment où la Compagnie va affronter cette redoutable épreuve d'une insuffisance de capital et de la proposition d'un emprunt, de franches explications soient données, afin d'effacer les équivoques et de rétablir la confiance ébranlée ;
>
> Attendu que par suite desdits articles, la Compagnie de Suez a publié une Note dans laquelle, après avoir expliqué que l'assemblée annuelle des actionnaires avait été renvoyée au 5 octobre, à cause du départ précipité du président pour l'Egypte, où une épidémie, qui sévissait sur les ouvriers, rendait sa présence nécessaire, elle dément le prétendu projet de création d'un nouveau capital, et indique qu'elle possède à sa disposition une somme de 170 millions, soit en caisse, soit en valeurs de toute sécurité.

3º **L'isolement de la signature** de l'honorable M. de Lesseps au bas de l'annonce. Le rapport à l'assemblée générale du 1er août 1867 avait été publié dans tous les journaux et répandu à profusion dans les plus infimes bourgades. Chacun donc put s'étonner de ne point voir mentionner le Conseil d'administration, alors que l'honorable M. de Lesseps ne pouvait agir qu'au nom dudit Conseil, puisque la deuxième résolution de l'assemblée est ainsi formulée :

> DEUXIÈME RÉSOLUTION.
>
> « Tous pouvoirs sont donnés *au Conseil d'administration* d'émettre, pour le compte et sous la responsabilité de la Compagnie universelle du canal maritime de Suez, le nombre de titres suffisants pour produire la somme de cent millions de francs, destinée à couvrir le surplus des dépenses nécessaires à l'achèvement du canal maritime.
>
> » Le Conseil d'administration est chargé de déter-

miner l'époque, le mode, les garanties et les conditions de cette opération. »
(*Journal de l'Isthme de Suez*, année 1867, page 252.)

4° **Les énonciations des garanties** au sujet des terrains, énonciations peu conformes à la sentence arbitrale dont le texte, jusqu'à présent, forme la loi et la formera tant que les négociations du gouvernement égyptien au sujet des capitulations n'auront pas abouti; pour s'en convaincre, il suffit de lire dans le journal officiel de la Compagnie l'article que l'honorable M. Desplaces y signait le 15 août 1867, page 200. On peut aussi consulter à ce sujet la brochure intitulée : *Les capitulations et la réforme judiciaire en Egypte, sa nécessité, son urgence.*

Voici le texte de la sentence arbitrale :

« ..... Que la Compagnie ne peut avoir la prétention d'obtenir, dans des vues de spéculation, une étendue quelconque de terrains soit pour les livrer à la culture, soit pour y élever des constructions, so t pour les céder lorsque la population aura augmenté. »
(*Sentence arbitrale, sixième série des documents publiés par M. F. de Lesseps, page 252.*)

Quand on a lu ces quelques lignes, on s'explique comment l'honorable M. Alloury, qui a publié, dans le *Journal des Débats* du 30 septembre 1867, un article au sujet de l'emprunt de la Compagnie, est un des rares journalistes qui n'ont point parlé de la valeur et de la garantie des terrains. Si, comme on le prétend, l'honorable M. Alloury est un des administrateurs de la Compagnie, on comprend son silence.

5° Mais la cause qui a nui d'une façon prédominante au succès de l'opération, c'est sans contredit le **lyrisme outré**, **l'exagération hyperbolique**, ainsi que **l'inexactitude** des assertions des journaux.

Il convient d'en citer quelques échantillons.

Que lit-on, par exemple, dans *Journal des Débats?*

Dans cette armée d'ingénieurs et de pionniers occupés à se frayer un passage a travers les sables du désert; dans ces soldats du travail et de la paix, la France aime à se reconnaître et à se contempler elle-même avec ses idées, ses aspirations, ses luttes, ses victoires et ses conquêtes nouvelles. Les voilà, tels que le génie de la civilisation les a faits, ces fils des savants qui exploraient, il y a soixante ans, les mystères de l'antique Egypte; les voilà, ces fils des soldats qui plantaient le drapeau français sur les Pyramides! Prestige de ces grands souvenirs, l'importance et l'avenir de l'œuvre qui s'accomplit, la révolution immense qu'elle doit amener dans les relations commerciales, morales et politiques des deux hémisphères, tout se réunit pour frapper vivement l'imagination publique et l'intéresser au succès de cette entreprise unique, imposante et glo= rieuse entre toutes.

(Journal des Débats.)
(Isthme de Suez, 27 septembre 1867, page 320.)

Après ce style emphatique et ces images pompeuses, qui ne peuvent que mettre en défiance tout homme un peu sé- rieux, le *Journal des Débats* poursuit :

« ..... La condition nouvelle que la politique a faite à la Compagnie, l'épreuve si délicate à laquelle on l'a soumise en la condamnant à licencier brusquement son armée de travailleurs indigènes, en l'obligeant à réorganiser complétement ses ateliers et à remplacer les bras de l'homme par les agents mécaniques, ont amené, comme dernier résultat, une perte de temps considérable pour la poursuite et l'achèvement de l'entreprise. »

(Journal des Débats.)
(Isthme de Suez, 27 septembre 1867, page 320.)

Si l'honorable rédacteur avait mieux étudié l'affaire de l'Isthme, il saurait que la présence de 20,000 fellahs, en 1862 et 1863, avait été un événement inespéré dû au dé- vouement de M. de Beauval, ministre plénipotentiaire de France, et à l'habileté de M. Hardon, entrepreneur gé- néral, qui avait su gagner la confiance de Saïd; il saurait que dès 1860 l'administration de la Compagnie s'engageait publiquement à exécuter le canal maritime et ses ports pour 65 millions, et cela en trois ans et demi, au moyen de *dragues perfectionnées*, disant qu'aux époques où les travaux auraient la plus grande activité, il ne faudrait pas employer plus de 4 à 5 mille ouvriers (5ᵉ *série des documents, page* 37); il saurait encore que, le 13 juillet 1861, l'honorable M. Voisin adressait de Damiette à l'honorable M. Ferd. de Lesseps un mémoire, duquel il résulte que non-seulement la Compagnie ne considérait point la présence des corvées comme une obligation du gouvernement égyptien, mais qu'elle appréhendait l'emploi de ces corvées, si l'on devait se conformer aux conditions stipulées à leur égard.

Il saurait, pour ce qui concerne le travail libre, que le *Moniteur* de la Compagnie s'exprimait en ces termes :

Le 15 février 1861, page 53 :

« L'œuvre du Canal est assez populaire, en Égypte,

pour que les ouvriers se recrutent librement, et en assez grande quantité pour suffire à tous les besoins du service. »

Le 1er avril 1861, page 102 :

« Les agents de la Compagnie poursuivent avec vigueur le recrutement libre, qui, d'après nos nouvelles, ne peut manquer de fournir tous les travailleurs nécessaires ; et, dans ses conditions, ce système est sans contredit préférable à tout autre. »

Le 15 avril 1861, pages 114 et 115 :

« Nous avons déjà fait connaître que, par plusieurs motifs, ce mode d'engagement (le recrutement libre) avait été préféré à l'invocation du contrat conclu avec le vice-roi, relativement aux ouvriers nécessaires à l'exécution du projet... »

Le 1er juin 1861, page 184 :

« Le recrutement libre a suffi pour amener 8,000 travailleurs sur la ligne du canal. »

Le 1er septembre 1861, page 278 :

« Le nombre des ouvriers indigènes ne cesse de s'accroître. Ils ont doublé sur le canal d'eau douce, et les ateliers qui creusent la rigole de Kantara à Ferdane ont pris un degré d'activité qu'ils n'ont jamais eu jusqu'ici. »

Le 1er octobre 1861, page 306 :

« L'affluence des ouvriers indigènes avait sensiblement augmenté.

« Avec la population arabe employée à Port-Saïd et au lac Menzaleh, leur chiffre s'élevait à 12,000. »

Pour ce qui regarde les machines, l'honorable M. Alloury saurait que, le 15 juin 1860, le journal officiel de la Compagnie publiait, page 197, le dessin d'une drague montée et lancée dans le canal du lac Menzaleh.

Il saurait que le Moniteur de la Compagnie s'exprimait ainsi :

Le 15 mai 1860 page 172 (rapport à l'assemblée du 1er mai).

« Ainsi 24 dragues, 5 excavateurs à sec..... ont été commandés et sont déjà en grande partie montés ou établis sur les chantiers de la Compagnie. »

Le 1er janvier 1861, page 4 :

« ..... Et parmi les dragues, les unes se montaient à mesure de leur arrivée et les autres continuaient à fonctionner. »

> » Simultanément les dragues échelonnées sur le lac
Menzaleh creusent sous ses eaux le chenal.....
> » Une circonstance digne de mention est encore
venue ajouter aux espérances de la bonne exécution et
de la solidité du travail.
> » L'action d'une de ces dragues a déjà atteint une
profondeur de **5 mètres.** »

Le 15 janvier 1861, page 19 :

> « Huit dragues sont maintenant à l'œuvre avec toute
leur efficacité, sept autres dragues sont en chan-
tier..... »

Le 1er mars 1861, page 67 :

> « Aux huit dragues successivement dirigées sur Port-
Saïd il faut joindre maintenant seize autres dragues..... »

Il serait facile de multiplier indéfiniment les citations.

On voit, par là que, dès 1860, c'est-à-dire, bien avant la
sentence impériale, la Compagnie, non-seulement avait
recruté un grand nombre d'ouvriers libres, mais encore
avait eu recours, sur une très vaste échelle, à l'*emploi des
dragues*, des excavateurs, des toiles sans fin, des brouettes
volantes, etc., etc., que par conséquent le licenciement des
travailleurs indigènes n'a nullement amené la Compagnie
à faire emploi des agents mécaniques ; cet emploi était, dès
l'origine, entré dans les prévisions et les calculs de la
Compagnie.

L'honorable M. Alloury saurait, en outre, s'il eut mieux
étudié la question, mille autres choses dont une pour
exemple. Les actes de concession portent que la Compagnie devra faire exécuter les sondages : elle les a fait
exécuter, et en conséquence elle dit :

> « Il n'y a pas de roches, pas de pierres dans le thal-
weg qui forme la ligne du terrain à creuser dans l'in-
térieur de l'Isthme ; on n'aura à excaver que des sables consistants, des graviers, du sulfate de chaux, de
l'argile sableuse ou marneuse, et exceptionnellement
des argiles pures. » (*Cinquième série de documents publiés par M. F. de Lesseps, page 38.*)

Comment faire concorder cette affirmation avec celles
de l'honorable M. de Lesseps et des entrepreneurs de la
Compagnie, qui ont prétendu depuis et prétendent encore
qu'il a fallu enlever un banc de roches considérable à Cha-
louf. Si, malgré la meilleure volonté du monde, on ne peut
y réussir, il faut en tirer cette conclusion : qu'un publiciste
doit y regarder à deux fois avant de s'en rapporter aux
renseignements fournis par les Compagnies, et qu'un capi-

talisle doit y regarder à vingt fois avant de s'en rapporter aux renseignements fournis par un journal.

> .... « Tel journal anglais en est venu, dans ces derniers temps, à faire ainsi son amende honorable : « Nous aurions pu être les associés de la Compagnie, partager sa gloire, ainsi que ses avantages et *ses bénéfices matériels.* » (*Journal des Débats.*)

N'est-il pas comique, qu'alors que tous les Anglais imaginables, qui regretteraient de s'être privés volontairement des bénéfices que pourra produire l'affaire, n'ont qu'à s'adresser à un agent de change de Paris pour se procurer des actions, on ait entretenu le public d'une semblable manière. En dehors du marché, n'y a-t-il point les 177,042 titres que possède le gouvernement égyptien. En dehors des actions, ces Anglais si chagrins ne pouvaient-ils entrer dans l'affaire, en souscrivant une partie des obligations émises? Le bruit de l'intervention du marché anglais a même couru pendant plusieurs jours à la Bourse; malheureusement, *pas une seule obligation n'a été souscrite en Angleterre.* (*Journal l'Isthme de Suez,* 15 novembre 1867, page 385.)

Les Anglais du *Journal des Débats* font donc l'effet d'Anglais de comédie.

> .... « Quel plus énergique et plus merveilleux instrument pour la civilisation que cette voie nouvelle, qui n'est pas seulement destinée à rapprocher telle et telle province, tel et tel État, telle et telle frontière, mais qui doit rapprocher les extrémités les plus reculées du globe, abréger de moitié la route entre l'Europe et l'Asie, établir une communication directe et régulière entre 300 millions d'Occidentaux et 700 millions d'Orientaux! »   (*Journal des Débats.*)
> (*Isthme de Suez,* 27 septembre 1867, *page* 385.)

Ne croirait-on pas, en lisant ces lignes, qu'aujourd'hui 300 millions d'Occidentaux sont séparés de 700 millions d'Orientaux par un obstacle infranchissable, et attendent l'ouverture d'un canal pour être enfin révélés les uns aux autres? Que l'honorable M. Alloury, signataire de l'article, apprenne donc, puisqu'il parait l'ignorer, que les paquebots anglais, français, autrichiens, etc., abordent à Alexandrie; que de là, voyageurs et marchandises sont transportés, en quelques heures, à Suez, où ils prennent les steamers anglais, français, etc., qui les conduisent dans l'extrême Orient. Et, alors même que le canal existerait, il peut y avoir encore avantage à suivre la voie actuelle, puisque, outre le temps nécessaire pour traverser l'isthme, il faut compter 15 heures de navigation, d'Alexandrie à Port-Saïd. Or, tant qu'il ne sera pas démontré que les paquebots marchent plus rapidement et plus économiquement que les chemins de fer, la voie actuelle pourra être préférée par les voyageurs.

> .... « A tous ces titres, nous ne pouvons que le répéter, le canal de Suez n'est pas une entreprise comme une autre ; c'est quelque chose de mieux qu'une affaire, c'est une idée ; il appartient à l'ordre intellectuel et moral autant qu'à l'ordre industriel, économique et financier ; il relève de l'Institut encore plus que de la Bourse. »   (*Journal des Débats.*)
> *Isthme de Suez*, 27 septembre, *page 330.*

A la bonne heure, voilà qui pris isolément est bien parlé ; dire que la réalisation du percement de l'isthme relève avant tout de l'*Institut*, tout le monde doit être de cet avis, mais au point de vue industriel et financier, il est permis d'avoir une opinion tout opposée à celle de l'honorable M. Alloury.

Le *Constitutionnel*, lui, semble plus se préoccuper de l'ordre financier que de l'ordre moral. Je fait miroiter les gros revenus :

> « Sous le rapport de l'intérêt, la Compagnie du canal de Suez devait se montrer plus large que nos chemins de fer, le canal n'étant pas encore en exploitation complète, et la Compagnie devant subir l'influence des conditions ordinaires du crédit en Egypte, où le taux de l'intérêt est beaucoup plus élevé qu'en France. »
> (*Constitutionnel.*)
> (*Isthme de Suez*, 27 septembre 1867, *page 323.*)

Le *Constitutionnel* a tort, de toutes façons. Est-ce en Egypte ou en France que la Compagnie émettait son emprunt? Si c'eût été en Egypte, le taux de l'intérêt aurait été bien trop faible, car dans ce pays le gouvernement emprunte de 12 à 20 0/0, et les particuliers paient de 20 à 30 0/0, sur dépôt de garanties.

Ce fait, que le *Constitutionnel* semble ignorer, ses lecteurs, à plus forte raison, pouvaient ne pas s'en douter, et, puisque la Compagnie empruntait en France et qu'elle s'y adressait aux *hommes de cœur*, pourquoi venait-il maladroitement rappeler les conditions onéreuses du crédit en Egypte, d'autant plus qu'il dit plus loin que : « *l'on consi-*

dère le percement du canal comme une œuvre nationale fran-
çaise. »

> « Les sommes qu'a coûtées le matériel ne sont pas,
> d'autre part, entièrement perdues. Après l'achèvement
> des travaux, la Compagnie pourra se défaire de son ou-
> tillage, au profit des entrepreneurs d'exploitations agri-
> coles et industrielles. Il n'y a pas d'exagération à ins-
> crire de ce chef 24 millions dans son inventaire. Ce
> chiffre implique encore 60 0/0 de déchet. »
> (*Constitutionnel.*)
> (*Isthme de Suez*, 27 septembre 1867, page 324.)

L'honorable rédacteur a-t-il recherché quelles entrepri-
ses pourraient convoiter, le cas échéant, toutes ces machines? Ce n'est pas à supposer.

Mais, répondra-t-on, l'Egypte, pour ses canaux?

Erreur, les dragues de la Compagnies sont trop puis-
santes pour cet emploi et le temps n'est plus où l'on pouvait fournir à un vice-roi une *frégate à musique.*

La *Patrie* fait valoir la sécurité :

> « ..... Il est de toute évidence que les obligataires sont
> en possession, par ces hypothèques, de *sécurités vrai-*
> *ment surabondantes* et sur lesquelles il serait *oiseux*
> d'insister. »
> (*Patrie.*)

Ainsi, la *Patrie* estime que les sécurités sont *surabon-*
dantes. Ne serait-il pas utile de connaître si MM. les ré-
dacteurs de la *Patrie* ont mis leurs actes en harmonie avec
leurs convictions? A cet effet, le moniteur de la Compagnie devrait publier la liste des journalistes qui sont deve-
nus souscripteurs :

> « On n'a pas oublié toutes les résistances rencontrées
> jadis par l'infatigable promoteur, dont le nom est aujour-
> d'hui universellement populaire. On sait toutes les intri-
> gues qu'il lui a fallu déjouer, tous les obstacles, toutes les
> inimitiés semées sur sa route. Ce qui a fait dire un jour,
> avec tant de raison, que le percement de l'Isthme de
> Suez ne serait plus qu'un jeu d'enfant pour celui qui
> avait pu vaincre tant de difficultés et découragé tant
> de haines. »
> (*Patrie.*)
> (*L'Isthme de Suez*, 27 septembre 1867, page 320.)

Si, au lieu de suivre un canevas qu'on dirait préparé
d'avance, l'honorable rédacteur eût préféré s'éclairer
lui-même, il eût compris que si l'affaire de l'Isthme a
rencontré des obstacles et des difficultés, cela ne tient
point à l'intervention d'adversaires plus ou moins avoués,
mais uniquement à ce que, dès le principe, on s'est écarté

de la seule voie qui en eût permis la réalisation régu-
lière; les difficultés proviennent de l'attitude de l'affaire
elle-même et non d'ailleurs.

L'honorable rédacteur peut, à ce sujet, consulter, entre
autres travaux, ceux de MM. Jules Favre, Odilon Barrot et
Dufaure, 1860-1863; quant à la supposition que les adversaires de la Compagnie profiteraient du moment pour en-
traver l'émission, par des discussions, l'événement a trompé
l'attente et tandis que, pendant quinze jours, les colonnes des
journaux écoulaient en réclames les fonds votés pour cet objet, ceux que l'on appelle les adversaires gardaient le
silence, ne voulant point être accusés de profiter du moment. Cela se comprend, l'affaire du Canal de Suez n'a
point d'ennemis et si l'administration a des adversaires,
c'est que, franchement.....

Le *Siècle* mérite une mention particulière :

> « Quand M. Ferdinand de Lesseps racontait à ses ac-
> tionnaires les difficultés qu'il avait eu à vaincre, les
> obstacles sans cesse renaissants que la diplomatie an-
> glaise dressait sous ses pas, l'assemblée avait des cris
> de colère, et *elle aurait sacrifié de gaîté de cœur son ca-
> pital pour faire pièce à l'Angleterre.*
>
> » *Non, il n'y a rien de hasardé* dans *les évaluations
> que M. de Lesseps soumet au public;* nous croyons, au
> contraire, qu'il se tient sagement au-dessous de la
> vérité. » (*Siècle.*)
> (*L'Isthme de Suez,* 27 septembre 1867, page 331.)

Voici qui ne manque pas d'un certain cachet d'excen-
tricité :

> « Ce sera la gloire de la Compagnie universelle, de
> son fondateur et de ses capitalistes, de n'avoir compté
> que sur eux-mêmes et sur le génie de la France, de
> n'avoir demandé à l'Etat, ni concours financier, ni ga-
> rantie d'intérêts. La Compagnie, aidée par de petits
> capitalistes, — car les gros faiseurs l'ont toujours vue
> d'un mauvais œil, sans doute parce qu'elle refusait de
> marcher sous leurs fourches caudines, — la Compagnie,
> disons-nous, aidée par l'épargne patriotique, l'humble
> épargne jalouse de l'honneur national, aura seule triom-
> phé de toutes les difficultés qui se sont dressées de-
> vant elle. (*Siècle.*)
> (*L'Isthme de Suez,* 27 septembre 1867, page 332.)

L'honorable rédacteur qui a écrit ces lignes ne paraît
guère mieux renseigné que ses confrères. Et l'Egypte, qui
aura donné 200 millions, pour quoi donc la compte-t-il ?
Quant à la haute banque, pourquoi lui reprocher de s'être

.toujours tenue à l'écart de cette affaire? pourquoi insinuer
que cela tient à ce qu'on lui a refusé une part suffisante?
Si la haute banque s'est tenue à l'écart, ce n'est aucune-
ment par parti pris, ni par hostilité, mais parce que les
hommes qui ont l'habitude des affaires ne sauraient,
comme la multitude, se payer de mise en scène et qu'ayant
pratiqué pour leur propre compte, la réclame, sur une
large échelle, ils en connaissent toute la valeur.

L'*Etendard* n'est pas moins convaincu que les *Débats*,
le *Constitutionnel*, la *Patrie* et le *Siècle* :

> « Des difficultés diplomatiques, les ombrages de la
> Porte, les rivalités de l'administration anglaise inter-
> prétées par les ministres eux-mêmes et soutenues par
> le Parlement, suspendirent longtemps l'exécution de
> ce projet grandiose, mais profondément étudié.
>
> » Aux doutes émis, aux accusations parfois violentes
> de ses adversaires, M. de Lesseps *a répondu par des
> faits*; et, à force de persévérance, il parvint à exciter
> dans tous les pays, en faveur de son entreprise, un
> concours de sympathies et de vœux devant lesquels
> durent céder toutes les résistances. »   (*Etendard.*)
>
> (*Isthme de Suez*, 27 *septembre* 1867, *page* 328.)

Mais l'honorable rédacteur ignore donc, et le texte de la
concession, et l'histoire de l'affaire; s'il en était autrement,
il saurait que le concessionnaire n'était autorisé à com-
mencer les travaux qu'après l'obtention du firman de Constantinople, et que l'honorable M. de Lesseps, *en répondant
par des faits*, foulait aux pieds le texte de sa concession,
faisait naître chez les diverses parties intéressées toutes les
suppositions, et *amenait l'Angleterre à répondre, elle aussi,
par des faits.*

> « Les 100 millions que la Compagnie emprunte, sont
> une *anticipation sur ses ressources*, anticipation qui
> lui permettra d'attendre le moment le plus favorable
> pour réaliser la vente de ses terrains. »   (*Pays.*)
>
> (*Isthme de Suez*, 27 *septembre* 1867, *page* 327.)

Ainsi, d'après ce journal, la Compagnie ne fait qu'anti-
ciper sur ses ressources et pourra attendre le moment fa-
vorable pour réaliser *la vente de ses terrains.*

Autant de mots, autant d'erreurs : LA COMPAGNIE NE
POSSÈDE PAS DE TERRAINS; ELLE N'A, PAR CONSÉQUENT, PAS
LE DROIT D'EN VENDRE, et s'il arrive que le gouvernement
égyptien l'autorise gracieusement à en aliéner, elle n'agira

que comme mandataire intéressé. Que le *Pays* nous permette de lui rappeler le passage de la sentence arbitrale qui n'a jamais cessé de régler la question des terrains :

> « ..... *Que la Compagnie ne peut avoir la prétention*
> » *d'obtenir dans des vues de spéculation, une étendue*
> » *quelconque de terrains, soit pour les livrer à la cul-*
> » *ture, soit pour y élever des constructions, soit pour les*
> » *céder lorsque la population aura augmenté.* »
> *(Sentence arbitrale, sixième série des documents pu-*
> *bliés par M. F. de Lesseps, page 252.)*

Le *Journal des Chemins de fer*, cet illustre organe financier, dont les conseils ont enrichi tant de capitalistes, ne pouvait rester au-dessous de ses confrères :

> « On a été jusqu'à discuter la nature des terrains, ce qui est évidemment fort utile quand il s'agit de terrains à bâtir. Ces terrains, disait-on, ne sont que du sable sans consistance. Une semblable allégation n'est pas difficile à faire. Mais la vérité est que le prétendu sable du désert se compose *exclusivement de terre arable* divisée à l'infini, faute d'humidité, et que cette terre est incroyablement féconde, dès qu'elle est humide. Le désert est absolument composé des mêmes éléments que la vallée du Nil ; il ne lui manque que l'eau.
>
> » Et cela est tellement vrai qu'en Egypte comme en Algérie, le moindre filet d'eau forme une oasis. L'expérience a été faite sur les bords du canal d'eau douce, entre le Caire et Ismaïlia, où les irrigations ont créé des plaines magnifiques, où le coton donne des récoltes extraordinaires. Les avantages produits par l'arrivée de l'eau douce dans ces contrées désolées ont été si grands qu'ils ont déterminé les Bédouins eux-mêmes, ces fanatiques de la vie nomade, à contracter des habitudes sédentaires, à s'établir cultivateurs.
>
> » Que l'on compare les Landes dans leur situation actuelle, à ce qu'elles étaient il y a vingt ans : et dans les Landes, c'était bien du sable, de la roche en poudre, et non de la terre desséchée. »
> *(Journal des Chemins de fer.)*
> *(Isthme de Suez, 27 septembre 1867, pages 339 et 340.)*

Que des journalistes trop zélés puissent imprimer de semblables affirmations, c'est un fait bien regrettable ! Non, le sol de l'isthme n'est point arable ; non, l'humidité ne suffit point pour le rendre fécond. Le sol du désert est composé de gravier et de sable, que l'on peut dire calciné ; pour le rendre cultivable, il faut que l'eau du Nil y séjourne et y dépose à la longue un sédiment suffisant, et le coût de l'entretien du plus petit jardin est exorbitant.

« A de tels signes, nous reconnaissons des hommes

qui engagent résolument dans une affaire leur personne, leur fortune, leur gloire.

(Economiste français.)
(Isthme de Suez, 27 septembre 1867, page 335.)

Quels sont donc ces hommes dont on prétend parler?

A la connaissance du public, en dehors du gouvernement
égyptien et des actionnaires, il n'est personne qui ait jamais sacrifié *un centime*, et tous ceux qui y ont concouru
y ont trouvé une abondante rémunération.

Quels sont donc également ceux qui y ont sacrifié leur
santé?

Si le rédacteur de l'*Economiste* était plus familiarisé avec
la lecture du journal de la Compagnie, il saurait que les
rapports du service médical ont toujours affirmé que le
climat de l'Isthme était parfaitement salubre et que la mor-
talité y était inférieure à celle de la France.

> « Que la France hésite à la veille de la victoire, et
> l'Angleterre est là pour recueillir l'héritage de notre
> impuissance des mains du vice-roi, car ce prince n'a-
> bandonnera certes pas le monument qui doit faire la
> gloire éternelle de son règne, et la richesse impéris-
> sable de son pays. »

(Economiste français.)
(Isthme de Suez, 27 septembre 1867, pages 338 et 339.)

L'*Economiste* paraît ignorer complétement l'opinion bri-
tannique au sujet du canal; qu'il apprenne donc que,
si le gouvernement anglais a conçu, dans le principe,
les plus vives inquiétudes, la question n'en est plus
là, aujourd'hui qu'il a pris politiquement toutes ses précautions, et c'est sans jalousie qu'il verrait la Compagnie réussir. Quant à une coopération efficace, c'est autre
chose; mais l'on ne peut contraindre les gens à verser
leurs capitaux dans une affaire, qu'à tort ou à raison, ils
considèrent comme mauvaise. Au sujet de l'attitude que
pourrait prendre le gouvernement du Caire, le cas échéant
où la Compagnie serait forcée d'abandonner l'entreprise,
l'*Economiste* paraît évidemment mieux renseigné que ce
gouvernement lui-même; il doit être néanmoins dans
l'erreur, car si le fait qu'il indique se réalisait et qu'il fût
impossible de créer une nouvelle Compagnie, ce que le
gouvernement (s'il ne s'inspirait que du seul point de vue
égyptien) aurait de plus sage à faire pour sa tranquillité,
sa sécurité et ses finances, ce serait d'imiter l'antiquité et
d'abandonner le canal aux rades et aux sables. L'*Econo-*

miste parle de richesses inépuisables que le canal apporte-
rait à l'Egypte ; qu'il apprenne que ce canal est, en réa-
lité tracé hors de son territoire, qu'il n'y aurait rien de
plus périssable ; qu'en attendant les richesses qu'il prophé-
tise, la concession irréfléchie de Saïd a ruiné l'Egypte à ce
point que le gouvernement a dû licencier la moitié de son
armée, de ses marins, de ses employés, augmenter des
impôts déjà exorbitants, et diminuer la solde ou les
appointements des serviteurs qu'il a conservés.

L'*International* est un journal français qui s'imprime à
Londres : on peut, sous les apparences de l'opinion anglaise,
y publier des articles destinés à la réimportation.

On y lit :

> « On connaît la nature du sol, et les appréciations
> de la dépense qui est encore nécessaire sont absolu-
> ment certaines. *Dans sa sage prévoyance, la Compagnie
> a attendu, pour appeler le solde du capital indispensable
> à l'achèvement du canal, que l'expérience ait donné rai-
> son à ses calculs.* »   (*International.*)
> (*Isthme de Suez,* 27 septembre 1867, *page* 328.)

Qui donc a dit à l'*International* que les appréciations de
la dépense sont *absolument certaines* : qu'il se donne la
peine de se reporter aux publications de l'administration
de la Compagnie et il verra qu'à dix reprises elle a affirmé
les mêmes prétentions et qu'à dix reprises différentes, par
contre, les faits sont venus lui donner les démentis les plus
éclatants. La Compagnie devait faire le canal maritime
pour 65 millions, elle en a encaissé et dépensé 300. L'*International* ne se trouble pas pour si peu, et il écrit que
dans sa sage prévoyance elle a attendu, etc.

Cela passe la plaisanterie :

> « Des machines et des bras, voilà ce qui manque,
> voilà ce que l'on veut assurer par une dernière sous-
> cription. »   (*International.*)
> (*Isthme de Suez,* 27 septembre 1867, *page* 320.)

Des machines? La Compagnie affirme qu'elle en possède
le nombre suffisant.

> « .... La Compagnie n'emprunte
> pas 100 millions parce que cette somme aurait pu lui
> faire défaut pour l'achèvement du canal, mais parce
> que le double et le triple de cette somme dûment et
> régulièrement représentés à son actif se trouvent
> immobilisés. »   (*Epoque.*)
> (*Isthme de Suez,* 27 septembre 1867, *page* 334.)

« Toutes les prévisions concernant la marche des travaux *se sont réalisées* (!!!), et il en résulte *mathématiquement* que dans vingt mois, à dater du 15 décembre prochain, le canal sera entièrement terminé.

» Ces titres ainsi garantis, émis à 300 francs et remboursables à 500, portent un intérêt annuel de 25 francs, c'est-à-dire qu'ils offrent un placement de 12 0/0. Véritable placement hypothécaire, puisqu'il est garanti par les 10,000 hectares de terrains dont nous parlons plus haut. »　　　　　　　　　*(Opinion nationale.)*

(*Isthme de Suez*, 27 septembre 1867, *page* 333.)

Les amateurs du merveilleux et du fantastique ont dû s'ébaudir des citations qui précèdent.

Mais ceux qui aiment à approfondir les choses feront bien de consulter le *Quatrième Supplément* qu'un honorable inspecteur des ponts et chaussées, commandeur de la Légion d'honneur, vient de publier chez l'éditeur DUNOD; ils y liront que la date la plus rapprochée que l'on puisse sérieusement prévoir pour l'ouverture de la grande navigation est 1871.

« .... L'ouverture du canal maritime est attendue par le monde entier avec de vives impatiences. Les actionnaires y aspirent avec une ardeur bien légitime. Ils considèrent cette inauguration comme l'ère où commenceront leurs bénéfices, destinés à se développer chaque année. »　　　　*(Journal des actionnaires.)*

(*Isthme de Suez*, 27 septembre 1867, *page* 343.)

N'est-ce point charmant de naïveté ! Malheureusement les actionnaires paraissent appelés à considérer longtemps, et la future inauguration pourra assurer le couronnement de leurs déceptions; car il est peu à supposer que les recettes du futur canal suffisent à couvrir les frais d'administration et d'entretien, si, à dater du jour de l'inauguration, le compte de premier établissement est consciencieusement clos.

« A une époque où toutes les valeurs douteuses, qui attiraient par les oscillations incessantes de leurs prix les spéculateurs de tous étages, commencent à disparaître de notre marché financier, *il est utile qu'on présente au public une occasion de placement sûr.*

» Le succès le plus complet est donc réservé à l'opération financière qui va s'accomplir.

» *Succès complet*, parce que l'emprunt donne aux souscripteurs à la fois des sécurités surabondantes et *des avantages exceptionnels.* »　　　　*(Situation.)*

(*Isthme de Suez*, 27 septembre 1867, *page* 323.)

Le moindre inconvénient de ces exagérations est que les titres de la Compagnie n'ayant pas été souscrits, on est amené à se demander si c'est parce que le public n'a trouvé, dans cette opération, ni le PLACEMENT SÛR que lui signalaient la *Situation* et tant d'autres journaux, ni DES AVANTAGES ASSEZ EXCEPTIONNELS.

Il est vraiment fâcheux que la *Situation* et les autres journaux, qui ont si chaudement recommandé l'émission, n'aient jamais pris la peine d'expliquer pourquoi elle a échoué.

> « Rappelons en passant que dans des conjectures beaucoup moins difficiles, ce n'est pas du premier coup que diverses compagnies de chemins de fer ont effectué le placement entier de leurs obligations, qui se sont ensuite écoulées naturellement par des demandes successives. »
>
> (*Isthme de Suez*, 15 octobre 1867, *page* 354.)

S'il s'agit des obligations des chemins de fer français, quel rapport peut-on établir entre leurs obligations dont les intérêts sont garantis par l'État, et valent par conséquent la Rente française et les obligations de la Compagnie du canal de Suez !

> « La situation financière de la Compagnie, soumise à la discussion de la publicité, livrée sans réserve à l'examen et à la critique, est reconnue comme présentant de tout point une solidité et une sécurité également complètes et pour elle-même et pour ses prêteurs, en même temps que le canal aujourd'hui est proclamé comme une œuvre d'utilité à la fois universelle et nationale dont la glorieuse initiative appartient à la France, et dont à coup sûr elle ne voudra pas abandonner l'achèvement avec tous ses prestiges et tous ses avantages à des mains ou à des jalousies étrangères. »
>
> (*Journal l'Isthme de Suez*, 27 septembre 1867, *page* 322.)

Le résultat de la souscription, d'après l'aveu du récent avis publié par M. Merruau, s'est chargé de démontrer que l'opinion de MM. les journalistes n'était pas toujours celle du public.

> « Loin d'imiter la réserve de certaines Compagnies, qui croient utile de ne rien laisser transpirer de leurs essais, des hésitations inhérentes à toute grande entreprise, la Compagnie a tenu le public au courant de tous ses travaux. Elle a tenu à ce que tous les détails de son fonctionnement soient connus. Elle a fait appel à toutes les lumières, heureuse de s'assurer ainsi le concours de l'opinion publique, qui, dans toutes les circonstances, s'est hautement prononcée en sa faveur. »
>
> (*International.*)
>
> (*Isthme de Suez*, 27 septembre 1857, *page* 331.)

Pour s'exprimer ainsi, l'honorable rédacteur s'en rapporte évidemment au programme qui, le 25 juin 1856, parut, en tête des colonnes du journal l'*Isthme de Suez?*

> « Le recueil que nous venons inaugurer sous un titre qui nous paraît exprimer et résumer sa pensée dans le présent et sa marche dans l'avenir.... communiquera au public les documents, les nouvelles et les résolutions de nature à le tenir au courant des phases et des progrès de l'entreprise. Il sera une sorte de compte-rendu permanent de la Compagnie Universelle à ses actionnaires. »
>
> *Signé :* FERDINAND DE LESSEPS.
> (*Journal l'Isthme de Suez*, 25 juin 1856.)

Bien que singulièrement anticipé, en ce qui concernait les actionnaires futurs, ce programme était précis : l'affaire de l'Isthme devait être la critique éclatante du système qui prévalait dans les autres affaires, dont les actionnaires n'étaient déjà renseignés que par des rapports annuels mensongers et par les appréciations intéressées des diverses feuilles financières.

Le public fut donc averti de considérer le journal comme identifié à la Compagnie.

C'est ce qui lui fit associer dans une gloire et une responsabilité communes les noms des honorables MM. *Desplace* et de *Lesseps.*

Pour apprécier si, comme l'affirme l'*International*, le programme primitif a été suivi, que l'on prenne la collection, et sur une série de colonnes parallèles, que l'on mette en regard les assertions de chaque année !

Il eût été cependant bien facile de rester dans ce programme primitif. Le journal n'avait qu'à publier les rapports mensuels des diverses directions, les correspondances des principaux fonctionnaires, les contrats avec les entrepreneurs et leurs modifications successives, les procès-verbaux des réunions des divers conseils, etc., etc.

L'*International* s'est-il jamais demandé pourquoi le Moniteur de la Compagnie n'a pas encore publié les derniers contrats passés avec MM. Borel et Lavalley ?

Comment, sans la connaissance de ces contrats, les actionnaires peuvent-ils se faire une opinion éclairée de la situation de leur Compagnie ?

Voici plus de deux ans que les abonnés attendent en vain la publication promise du rapport du délégué de la Chambre du Havre. (*Journal l'Isthme de Suez*, année 1865, page 260.)

Et le rapport des ingénieurs, qui établit le chiffre de 100 millions consacrés à l'appropriation des terrains, ne serait-il point intéressant à connaître? Comment expliquer, par exemple, ce fait entre mille, qu'alors que le moniteur de la Compagnie imprimait le 1er décembre 1859, page 358.

> « Le combustible et le bois propres à plusieurs usages se trouvent en très grande abondance dans les diverses portions de l'Isthme; on nous signale des points où le bois à brûler est assez abondant pour pouvoir alimenter sans s'épuiser pendant le cours des travaux toutes les dragues de la Compagnie. »

L'honorable M. de Lesseps ait affirmé depuis, en maintes circonstances : *que la dépense du charbon pour le service des dragues s'élèverait à plus de 20 millions.*

IV

Mais il est temps de s'arrêter : aujourd'hui que le silence s'est fait, on peut constater que presque tous les journaux y ont donné à plein collier, et si leurs assurances, que les souscriptions dépasseraient de beaucoup l'emprunt, ne se sont pas réalisées, on doit seulement en conclure que le public devient rebelle à l'entraînement.

Il était opportun de signaler à la direction de la Compagnie de Suez les mauvais services que le journalisme lui rend, et d'appeler son attention sur les inconvénients de ces exagérations, qui conduisent à l'opposé du résultat voulu.

Dans l'opération que la Compagnie projette pour se procurer de nouvelles ressources, le succès pourra couronner sa tentative, si elle profite des enseignements fournis par sa dernière émission, et si surtout les journaux, s'avouant combien ils ont contribué à l'échec du dernier emprunt, se rappellent le mot : pas de zèle, messieurs. »

C'est un fait certain que la majeure partie des souscripteurs du dernier emprunt sont les actionnaires eux-mêmes; les deux-tiers environ d'entr'eux se sont donc abstenus. Si, dans une proportion analogue, à l'occasion d'une nouvelle émission, le tiers seulement de ceux qui ont souscrit les obligations se présentaient aux guichets, cette émission ne produirait qu'environ 10 millions. De là la nécessité de rallier de nouvelles sympathies.

Un moyen efficace serait de modifier les statuts. Une loi a été rendue l'an dernier, loi indispensable s'il en fut jamais, quoique bien insuffisante, d'ailleurs. Que la Compagnie du canal obtienne du gouvernement égyptien l'autorisation de modifier ses statuts conformément à cette loi, et la Compagnie ralliera tous ceux qui aujourd'hui ne peuvent être blâmés de se tenir sur la réserve.

Quant à la loi au sujet d'une émission loterie, il est permis, après avoir pris connaissance de l'exposé des motifs, de se demander quel appui elle pourra apporter à la Compagnie. Les capitalistes sont-ils tellement avides d'aléa que l'appât leur fasse souscrire les titres qu'ils refusent depuis près d'un an et cela malgré les exhortations pathétiques de la presse? C'est peu à espérer, d'autant que le gouvernement français ne laisse aucune incertitude à ceux qui pourraient supposer que le cas échéant il s'intéresserait aux souscripteurs de l'emprunt loterie du Suez, comme il s'intéresse à ceux des obligations mexicaines. On lit en effet dans l'exposé des motifs, page 5 :

> « Toutefois, la Société du canal de Suez n'est pas et ne peut pas être une Société française. D'origine nationale, elle travaille sur un territoire étranger dans un but international pour le commerce de tous les pays et pour le progrès général de la civilisation. Elle s'intitule Compagnie universelle; son siège est à Alexandrie. Sous réserve d'obéir aux lois de la France, en tant qu'elle agit en France, où son administration est constituée, elle doit garder entières son indépendance et sa responsabilité.
>
> » Aussi ne pouvions nous songer à vous proposer de lui prêter un concours qui aurait pu avoir pour conséquence, ou même seulement pour apparence, l'immixtion directe ou indirecte de l'État dans ses affaires, ou la garantie par l'État à un degré quelconque, soit de l'entreprise, soit de l'emprunt. »

31 mai 1838.

A. NOUETTE-DELORME.

Paris. — Imprimerie Ch. Schiller, rue du Faubourg-Montmartre, 10.